WIE MAN VON ZU HAUSE AUS ALS MUTTER ARBEITET

ERLEDIGEN SIE IHRE ARBEIT BEQUEM VON ZU HAUSE AUS, LERNEN SIE ALLES, WAS SIE TUN MÜSSEN, UM IHR BÜRO IN IHR ZIMMER ZU BRINGEN

Jessy M. Brown

Inhaltsverzeichnis

Einführung

Ob Sie es leid sind, außerhalb des Hauses zu arbeiten oder bereit sind, zusätzliches Geld zu verdienen, die Möglichkeiten, die sich für Mütter bieten, die zu Hause arbeiten, können unglaublich sein.

Wenn du dich vor Angst zurückhältst, dass deine Fähigkeiten nicht perfekt genug sind, um deine Träume in die Realität umzusetzen, entspann dich! Selbst Frauen, denen es an Titeln oder hochpreisigen "Berufskenntnissen" mangelt, werden feststellen, dass es viele Möglichkeiten gibt, lukrative Geschäfte von zu Hause aus zu starten. Es ist auch möglich, echte Mitarbeiterjobs zu bekommen, indem man für andere außerhalb eines Home-Office arbeitet. Telearbeit wird immer beliebter, als Sie vielleicht denken. Möglicherweise können

Sie sich sogar als Angestellter oder Selbständiger in Unternehmen auf der ganzen Welt anmelden.

Die Wahrheit ist, dass es nicht notwendig ist, eine bestimmte Fähigkeit zu haben, zu Hause zu arbeiten. Es gibt Lösungen, um fast jedes Hindernis zu überwinden, das dir im Weg steht. Es gibt keinen Grund, sich entmutigen zu lassen!

Das Eintauchen in die Perspektive der Heimarbeit kann eine unglaubliche Entscheidung für Sie und Ihre ganze Familie sein. Sie muss jedoch sorgfältig geprüft werden. Zu Hause zu arbeiten kann eine wunderbare Erfahrung sein, aber es ist nicht für jeden geeignet.

In diesem Buch werden wir die Dinge diskutieren, die du beachten musst, um erfolgreich zu sein. Es gibt einige Möglichkeiten, herauszufinden, ob die Arbeit zu Hause wirklich zu Ihrem Stil passt, und einige Vorteile und Gefahren, die es sinnvoll ist, zu erforschen, bevor

Sie sich nach vorne bewegen und eine Karriere zu Hause beginnen.

Obwohl es Hindernisse geben wird - vor allem für vielbeschäftigte Mütter mit hektischen Terminen - gibt es Möglichkeiten, fast alle zu vernichten. Es gibt Techniken, Tipps und Ideen, um Widrigkeiten frontal zu begegnen und zu gewinnen, die Ihnen helfen können, auf dem Weg zum Erfolg zu sein.

Einer der Schlüssel zu einem erfolgreichen Heimgeschäft ist die Auswahl des richtigen Bereichs. Allerdings können die Möglichkeiten ein wenig erstaunlich sein. Alle Optionen sorgfältig zu erforschen und wie sie in Ihren persönlichen Lebensstil passen könnten, sollte absolute Priorität haben, bevor Sie den Weg nach vorne wählen.

Egal, ob Sie planen, Unternehmer zu werden oder ob Sie als Freelancer arbeiten wollen, es gibt auch einige Dinge zu beachten. Von der notwendigen

Schulung über die Arbeitssuche bis hin zur Einrichtung eines Home Office besprechen wir, was Sie wissen müssen, um Ihre Träume von der Arbeit zu Hause zu verwirklichen.

Woher weiß ich, ob die Arbeit von zu Hause aus für mich geeignet ist?

Sie lieben die Idee, zu Hause arbeiten zu können, und Sie mögen die Idee, mehr Zeit mit Ihrer Familie zu verbringen, aber Sie sind sich nicht sicher, ob dies der richtige Weg für Sie ist. Keine Sorge, du bist nicht allein mit deinen Zweifeln. Fast jede Frau, die zu Hause eine erfolgreiche Karriere begonnen hat, hat sich ihnen gestellt. Trotzdem ist es klug, sicher zu sein.

Die Arbeit zu Hause erfordert viel Hingabe, Disziplin und Geduld. Es ist nicht für jeden, und das ist völlig in Ordnung. Es gibt einige Dinge, die sorgfältig bedacht werden sollten, wenn Sie beabsichtigen, eine berufstätige Mutter zu Hause zu werden. Selbst wenn Sie ein Aufenthalt zu Hause Mutter sind, kann das

Hinzufügen einer Karriere zu der Mischung ein wenig einen Unterschied machen. Um sicherzustellen, dass Sie für Sie in die richtige Richtung gehen, ist es wichtig, Dinge wie Finanzen, Familienunterstützung und Ihre Fähigkeit, mit der Aussicht auf eine Heimarbeit fertig zu werden, zu überprüfen. Einige Mütter gedeihen in dieser Situation, aber andere verwelken.

➢ *FINANZLAGE*

Wenn Sie planen, einen bezahlten Job zu verlassen, um zu Hause zu arbeiten, sollten Sie ein gutes Finanzmanagement haben. In den meisten Fällen wird es einige Zeit dauern, ein Unternehmen oder ein unabhängiges Unternehmen zu gründen, das einen alltäglichen Job ersetzt. Neben dem Kapital, das für die Gründung des Unternehmens benötigt wird, benötigen Sie auch einen Reservefonds zur Deckung der Anlaufphase.

Der Geldbetrag, den Sie zur Verfügung stellen, hängt von einer Reihe von Faktoren ab, unter anderem:

Verstehen Sie, wie hoch Ihr monatlicher Beitrag zum Familienbudget ist. Stellen Sie sicher, dass Ihre Figur für mindestens ein paar Monate abgedeckt ist. Drei Monate mögen den Zweck erfüllen, aber es ist eine konservative (und sicherere) Option, sechs bis zwölf Monate zu schießen. Halten Sie diese Zahlen getrennt von dem, was Sie benötigen, um Ihrem Unternehmen eine Kampfchance wie Erfolg zu geben.

Die Gründung eines heimischen Unternehmens kann ein gewisses Startkapital erfordern. Über das hinaus, was benötigt wird, um die Familie abzudecken, werden Sie auch Geld für Ausrüstung, Marketing, Lizenzen, etc. wollen. Ein Kleinkredit kann in einigen Fällen funktionieren, aber für viele Heimbetriebe sind Sie mit den Anlaufkosten auf sich allein gestellt.

Während Businesspläne nicht immer genau zum richtigen Zeitpunkt entwickelt werden, haben Sie ein gutes Verständnis für die Erwartungszeit Ihres Unternehmens. Sie werden sicherstellen wollen, dass Sie das Geld zur Verfügung haben, um diesen Zeitraum abzudecken und das Geschäft weiter auszubauen. Seien Sie hier realistisch.

Wenn Ihnen die Finanzen in die Quere kommen, überlegen Sie sich zunächst, Kredite zu suchen, einen Sparplan zu aktivieren oder einfach nur in Ihrem Unternehmen Teilzeit zu arbeiten. Es gibt Möglichkeiten, Ihren Traum wahr werden zu lassen, auch wenn Bargeld nicht so schnell verfügbar ist, wie Sie es wünschen.

➢ *DIE UNTERSTÜTZUNG DER FAMILIE IST ENTSCHEIDEND.*

Der Einstieg in ein Heimarbeitsunternehmen ohne die Unterstützung einer soliden Familie für die

Idee kann sich als großer Fehler erweisen. Wenn Familienmitglieder nicht verstehen, dass Arbeitszeit wichtig ist oder dass Arbeitsgespräche nicht durch laute Rock'n' Roll-Musik aus dem Zimmer eines Teenagers unterbrochen werden sollten, dann muss ein harter Kampf geführt werden.

Um sicherzustellen, dass Ihre Familie an Bord ist, stellen Sie sich die folgenden Fragen:

Habe ich die Idee mit allen Familienmitgliedern ausführlich besprochen? Wenn er es nicht getan hat, wird er es wollen. Sicherstellen, dass jeder, der alt genug ist, versteht, dass die Tatsache, dass Sie zu Hause sind, nicht bedeutet, dass die Arbeitszeiten weniger wichtig sind, ist entscheidend für Ihre Erfolgsaussichten.

Werden ältere Familienmitglieder in Notfällen Unterstützung leisten? Heimarbeitende Mütter müssen noch an

Meetings teilnehmen, Termine einhalten oder Kontakte knüpfen. Wenn es um ernsthafte Konzentration geht, ist es unerlässlich, jemanden zu haben, der eingreifen und sich um Kinder und/oder Hausarbeiten kümmern kann.

Werden Familienmitglieder helfen? Nur weil du zu Hause arbeitest, heißt das nicht, dass du dich um alles kümmern kannst oder solltest. Es wird Ihnen sehr helfen, wenn Familienmitglieder bei der Arbeit helfen und ihren Teil dazu beitragen, dass alles im Haus reibungslos abläuft.

Die Arbeit zu Hause nach dem Aufenthalt in der Welt kann für eine ganze Familie etwas schwierig sein. Wenn Sie eine häusliche Mutter waren, können die Herausforderungen noch größer sein. Schließlich sind es alle gewohnt, dass du da bist, um ihnen zu helfen.

Der Einstieg in eine Karriere zu Hause bedeutet, dass selbst wenn Sie dort sind, manchmal Prioritäten den Fokus ändern müssen. Wenn Ihre Familie wirklich an Bord ist, haben Sie einen Vorteil bei jeder Anstrengung, die Sie unternehmen.

> ### *SELBSTDISZIPLIN*

Es spielt keine Rolle, wie viel Geld Sie gespart haben, um zu beginnen, oder die Unterstützung Ihrer Familie, wenn Sie sich nicht motivieren können, sind Sie in Schwierigkeiten. Selbstdisziplin ist eines der wichtigsten Merkmale, wenn man versucht, eine Karriere zu Hause zu beginnen. Dies gilt für Fernarbeiter, die Vollzeit für Unternehmen und zukünftige Arbeitgeber arbeiten werden.

Um sicherzustellen, dass Sie an dieser Front das haben, was Sie brauchen, stellen Sie diese Fragen und antworten Sie ehrlich und offen:

Bin ich motiviert? Wenn Sie nicht die Motivation und den Antrieb haben, morgens aufzustehen und zur Arbeit zu kommen, wird ein heimisches

Unternehmen von Anfang an auf instabilem Boden stehen. Während die Hälfte der Belohnung für die Arbeit zu Hause ist die Nähe zur Familie, müssen Sie immer noch mit Antrieb arbeiten, um den Erfolg im Geschäft zu genießen. Wie die Erziehung Ihrer Kinder, eine Karriere zu Hause wird Zeit, Aufmerksamkeit und ein wenig ernsthafte Pflege erfordern.

Kann ich die Stunden einstellen und verfolgen? Wenn Sie Eigentümer des Betriebs sind oder selbständig tätig sind, können Sie Ihren eigenen Zeitplan festlegen. Tatsächlich kann dies eine große Hilfe sein, um sicherzustellen, dass das Leben ausgeglichener ist. Natürlich kannst du von Zeit zu Zeit früh ausgehen, um mit Kindern zu spielen, aber du musst dich mehr oder weniger regelmäßig an das Leben halten.

Kann ich der Versuchung widerstehen? Eine der Fragen, die die Selbstdisziplin überwinden kann, ist, der Versuchung zu widerstehen, während der Arbeitszeit andere Dinge als die Arbeit zu tun. Wenn Ihnen kein Chef im Nacken sitzt, kann es zu einfach sein, fernzuhalten, Computerspiele zu spielen oder sogar Hausarbeiten zu erledigen, anstatt arbeitsbezogene Funktionen auszuführen. Wenn Sie sich zu oft der Versuchung ergeben, wird Ihr Unternehmen vielleicht nicht fliegen.

➢ *ISOLATIONSMANAGEMENT*

Abhängig von der Art des Geschäfts, das Sie planen zu verfolgen, können Sie sich ein wenig isoliert von anderen Menschen befinden. Computergestützte Karrieren können beispielsweise dazu führen, dass Sie zu Hause arbeiten und niemals tagelang Menschen außerhalb der Familie besuchen. Obwohl dies für viele kein Problem ist, kann es einige Frauen verrückt machen. Stellen Sie sicher, dass Sie Ihre Position zu diesem Thema kennen, bevor Sie mit einer Berufswahl beginnen, die Sie in diese Position bringen könnte.

Wenn Sie sich mit dem potenziellen Problem der frontalen Isolation befassen wollen, gibt es ein paar Dinge, die helfen können. Dazu gehören

Dies ist eine großartige Möglichkeit, jede Woche oder jeden Monat aus dem Haus zu gehen. Darüber hinaus kann es dazu beitragen, dass Ihr Unternehmen seinen Namen erhält.

Selbst wenn Ihr Unternehmen computerbasiert ist, ist es nichts falsch daran, lokale Kunden zu akzeptieren und zu gewinnen. Dies kann Sie von Zeit zu Zeit aus dem "Büro" herausholen und Ihnen helfen, auch Ihr Unternehmen zu wachsen.

Es kann sehr vorteilhaft sein, Aktivitäten nach Feierabend zu planen, die nicht den Aufenthalt zu Hause beinhalten. Auch ein Ausflug in den Park mit den Kindern alle paar Tage kann Ihren Verstand unter Kontrolle halten. Lebensmittelrennen zählen nicht!

Freiwilligenarbeit an den Schulen Ihrer Kinder Auch Freiwilligenarbeit einmal pro Woche, einen Monat oder auf jeder Exkursion, die Sie unternehmen, kann Sie aus dem Haus bringen und Ihnen helfen, andere Menschen kennenzulernen. Es kann auch als eine gute Möglichkeit dienen, Ihren Kindern zu zeigen, wie sehr Sie in ihr Leben einbezogen werden wollen. Denn wenn das Geschäft Ihnen gehört, wird ein "Chef" nicht sagen können, dass er nicht jeden Dienstag zwei Stunden frei nehmen kann, um an einer Schule zu helfen.

Die Entscheidung, zu Hause zu arbeiten, kann ausgezeichnet sein. Um jedoch sicherzustellen, dass der Zug für dich richtig ist, nimm dir die Zeit, die Höhen und Tiefen sorgfältig zu untersuchen und Fragen über dich und deine Situation ehrlich zu beantworten.

Vorteile der Arbeit zu Hause

Zu Hause zu arbeiten ist nicht alles Sonne und Rosen für lange Zeit, aber es kann einige unglaubliche Vorteile haben, die viele Mütter nicht für die Welt eintauschen würden. Der potenzielle Nutzen dieser Entscheidung kann sich auf Ihr finanzielles Leben, Ihr emotionales Leben und sogar auf die Beziehungen auswirken, die Sie lieben.

Einige der bemerkenswertesten Vorteile der Arbeit zu Hause sind:

- Sparen Sie Geld bei den täglichen Ausgaben, wenn Sie einen Job verlassen, um zu Hause zu arbeiten, müssen Sie den Verlust ausgleichen, aber es gibt einige sofortige Einsparungen, die Sie spüren können. Heimarbeitende Mütter sparen oft viel Geld bei der Kinderbetreuung, Reisekosten, Mittagessen und sogar

Abendessen. Schließlich ist es viel einfacher, dafür zu sorgen, dass ein Nachtessen auf dem Tisch steht, wenn man tagsüber in der Nähe ist, um zu sehen, dass das so ist.

- Während die Programmierung je nach Geschäftsmöglichkeit variieren kann, stellen viele Mütter zu Hause fest, dass sie viel mehr Zeit haben, um mit ihren Familien zu verbringen. Schon während der Arbeit können sie einfach mehr von der Familie sehen und mehr am täglichen Leben teilnehmen. Dies ist eine Belohnung, die die Entscheidung lohnenswert machen kann.

- Mit Kindern, zu Hause und bei der Arbeit Schritt zu halten, wird schwierig sein, egal was passiert. Allerdings kann es ein stressiger Alptraum sein, dies mit einem Job außerhalb des Hauses zu tun. Mütter, die außerhalb des Hauses arbeiten, können einen Rückgang des Stressniveaus erleben, wenn sie in den Rhythmus des "Vorhandenseins" eintreten, um Dinge zu tun. So kann es beispielsweise selbstverständlich sein, Kleidung vor Beginn der täglichen Arbeit in den Müll zu werfen. So kannst du dir auch die Zeit nehmen, die Kleinen an einer Bushaltestelle zu begrüßen und so weiter.

- Persönliche Belohnungen Es spielt keine Rolle, ob Sie ein Unternehmen gründen, das Artikel über private Parteien verkauft, oder ob Sie selbst Daten eingeben, wenn Sie Ihre Erfolge testen, werden sie Ihnen wirklich gehören. Das Schaffen sogar eines bescheiden erfolgreichen Heimgeschäfts kann auf persönlicher Ebene unglaublich lohnend sein.

- Flexible Stunden Während einige Unternehmen flexibler sein werden als andere, finden die meisten Mütter, dass sie viel flexibler sind in dem, was sie tun können und was nicht, als wenn sie außerhalb des Hauses gearbeitet haben. Dies kann ein unglaublicher Vorteil für

Mütter sein, die Entscheidungen treffen wollen, wenn sie arbeiten, an welchen Tagen und für wie lange sie es tun.

- Die Arbeit zu Hause kann für Frauen, die der Perspektive eine ernsthafte Chance geben, sehr lohnend sein. Die Belohnungen dafür können von finanzieller bis hin zu sehr persönlicher Natur reichen.

➢ *PASS AUF DIE FALLE AUF.*

Die Arbeit zu Hause kann eine Reihe von Belohnungen bringen, die das Unternehmen lohnenswert machen. Mütter können unter diesen Umständen gedeihen, weil die Situation ihnen das Beste aus beiden Welten gibt.

So fantastisch die Arbeit zu Hause auch sein mag, es gibt einige potenzielle Risiken. Das Verstehen, was sie sind, kann dich darauf vorbereiten, dich ihnen zu stellen und zu gewinnen. Obwohl nicht jeder die gleichen Betrügereien erlebt, die zu Hause arbeiten, sind einige der häufigsten Probleme, die auftreten können, Dinge wie:

Einige Mütter, die zu Hause arbeiten, haben Schwierigkeiten, die Balance zwischen Beruf und Privatleben zu finden. Ob sie zu viel Zeit mit der Arbeit verbringen oder nicht genug, kann das Nicht-Erreichen eines Gleichgewichts das Potenzial haben, zu Enttäuschungen in der einen, der anderen oder beiden Bereichen zu führen.

Isolation Wie bereits erwähnt, können einige häusliche Karrieren im großen Ganzen etwas einsam sein.

Schuld Während die Idee, zu Hause zu arbeiten, oft bedeutet, mehr Zeit für die Familie zu haben, sollte die Arbeit auch auf der Prioritätenliste stehen. Das bedeutet, dass es Zeiten geben wird, in denen Mütter nein sagen oder ihr Geschäft machen müssen, auch wenn ein Dreijähriger einen Wutanfall hat. Der lange und kurze Teil dieser Realität ist, dass sich Mütter manchmal schuldig fühlen, weil sie nicht da sind, selbst wenn sie dort sind.

In einigen Arbeitsbereichen können Hintergrundgeräusche in einem Heim etwas peinlich sein und sogar unprofessionell wirken. Das Telefonieren mit einem Kunden, während ein Kind einen Anfall hat oder ein Hund laut im Hintergrund bellt, klingt nicht so professionell, wie viele es sich wünschen.

Die Gefahr, zu Hause zu arbeiten, besteht oft darin, dass man die Arbeit am Ende des Tages nicht "verlassen" kann. In diesem Sinne arbeiten viele Mütter zu Hause und neigen dazu, zu ihrem Nachteil zu übertreiben. Während dies gut für das Geschäft sein kann, kann Erschöpfung auftreten, wenn jemand 24 Stunden am Tag arbeitet und sich nicht ab und zu entspannt, entspannt und atmet.

Während es sicherlich schön ist, morgens aufzustehen und das Büro zu "informieren", kann dies ein zweischneidiges Schwert sein. Es ist zu einfach, an einem normalen Dienstag um 18:00 Uhr in diesem Gewand zu sitzen. Dies kann sich negativ auf das Selbstwertgefühl auswirken.

Obwohl die Fallen sehr real sind, gibt es Möglichkeiten, sich ihnen zu stellen und zu gewinnen. Unabhängig von der Herausforderung kann ein guter Plan für den Umgang mit der Situation den Ausschlag geben.

Hindernisse überwinden

Während Hindernisse jedem Unternehmen im Weg stehen, sind einige der Hindernisse für das Heimgeschäft etwas anders. Es gibt Möglichkeiten, jeden einzelnen von ihnen zu bekämpfen. Wenn Sie über ein Arsenal an Waffen verfügen, können Sie den Weg zum Erfolg frei machen.

Diese Tipps können sehr effektiv sein, um Müttern zu helfen, sich ihnen zu stellen und alle Hindernisse zu überwinden, die ihnen im Weg stehen:

Während Flexibilität wichtig ist, ist es auch wichtig, einen Zeitplan zu haben, der regelmäßig eingehalten wird. Wenn Sie fest auf Ihren Arbeitszeiten stehen und versuchen, einen Zeitplan einzuhalten, ist es einfacher, eine Balance zu finden, die in Ihrem Leben funktioniert.

Erstellen Sie ein Heimbüro, auch wenn es sich um eine Garderobe handelt, die als Ihre eigene neu gedacht ist, und ein Raum mit einer Tür, in den Sie sich für Geschäftsanrufe zurückziehen können, kann ein Lebensretter sein. Selbstverständlich erhalten Sie den Laptop, also können Sie im Wohnzimmer arbeiten, während Ihre Familie um Sie herum summt, aber haben einen Schutz, zum zu gehen, wenn Sie ihn am meisten benötigen. Dies zu tun, kann übrigens sogar bei Ihren Steuern helfen, so dass es aus mancher Sicht intelligent ist.

Wenn Sie eine Mutter sein wollen, die zu Hause mit kleinen Kindern arbeitet, ist es unerlässlich, dass Sie Babysitter oder Kindertagesstätten in der Schlange haben, wenn es am dringendsten gebraucht wird. Es spielt keine Rolle, ob Ihr Unternehmen mit Vertrieb oder Service zu tun hat, es wird einige Tage geben, an denen Sie für Ihre Familie nicht erreichbar sein werden.

Hausaufgaben zuweisen Wenn Ihre

Kinder älter sind, kann ein häusliches Unternehmen zum Job für jeden werden. Weisen Sie Kinderaufgaben und Aufgaben zu, die sie ausführen können, um ihnen zu helfen. Dazu können geschäftsbezogene Funktionen gehören oder auch einfach nur Kinder auf den Geschirrservice setzen, um sie bis zum Ende der nächtlichen Gespräche freizugeben. Ein wenig Arbeit schadet nie jemandem oder den Kindern, die einer Familie helfen, gut zu funktionieren und dabei wertvolle Lektionen zu lernen.

Die Konzentration auf den Say "No"- Award für die dritte Parkbesichtigung in einer sonnigen Woche kann schwierig sein, aber wichtig. Wenn deine Kinder sehen, wie du hart daran arbeitest.

Ihre Familie, können sie durch ein Beispiel lernen. Die frühzeitige Einführung einer starken Arbeitsethik kann junge Menschen auf ihren eigenen Weg zum Erfolg führen.

Abgesehen von den Fristen ist es wichtig, aufzustehen und sich für die Arbeit anzuziehen, auch wenn man vom Bett auf den Computer wechselt. Dies kann Ihnen helfen, sich besser zu fühlen und Sie motiviert zu halten und erfolgreiche Vibrationen in den Prozess zu projizieren.

Chancen für alle

Egal, ob Sie noch nie einen Tag in Ihrem Leben gearbeitet haben oder ob Sie einen langfristigen Job aufgeben, es gibt Möglichkeiten, die fast jeder nutzen kann. Zu Hause zu arbeiten und erfolgreich zu sein bedeutet nicht, dass man einen vierjährigen Abschluss, eine Menge Spezialkenntnisse oder eine Bank voller Geld haben muss. Was du brauchst, ist eine gute Idee und die Dynamik, um sie zu erreichen.

Es gibt eine Vielzahl von Möglichkeiten für ungelernte oder gering qualifizierte Arbeitskräfte. Einige der Optionen beinhalten Dinge wie:

Verkäufe Es gibt eine Vielzahl von vertriebsbezogenen Geschäften, die Sie erkunden können, die es Ihnen ermöglichen, Ihre Geschäfte außerhalb

Ihres Hauses zu betreiben. Viele Unternehmen, die sich auf Mütter zu Hause verlassen, um ihre Produkte zu verkaufen, werden Ihnen die Schulung bieten, die Sie benötigen, um erfolgreich zu sein. Es ist auch möglich, für bestimmte Produkte in einem Franchisegebiet zu kaufen. Stellen Sie einfach sicher, dass Sie ein Produkt sichern können, bevor Sie versuchen, es zu verkaufen. Wenn sie dich nicht verkaufen, werden es auch die Kunden nicht sein.

Viele der Mütter, die zu Hause leben, haben ihren Lebensunterhalt damit verdient, Artikel über Online-Shops oder virtuelle Auktionsseiten zu verkaufen. Egal, ob Sie selbst Artikel erstellen oder viel für den Verkauf in der Garage und Immobilien einkaufen, diese Option ist ganz einfach zu entdecken. Sie kann auch mit einem lukrativen Teil oder mit Vollzeiteinkommen abgeschrieben werden.

Dateneingabe Wenn Sie einen Computer

verwenden und mit einem gewissen Grad an Genauigkeit tippen können, werden Sie eine Fülle von Möglichkeiten finden, die für Ihre Fähigkeiten zur Verfügung stehen. Auch wenn Sie nicht die beste Schreibkraft der Welt sind, gibt es Möglichkeiten, die Fähigkeiten so zu perfektionieren, dass diese Gelegenheit, selbstständig zu arbeiten, Früchte trägt. Da immer mehr Unternehmen Funktionen wie die Dateneingabe auslagern, stellen viele Hausfrauen fest, dass diese Nische perfekt zu ihnen passt.

Telemarketing Es ist oft möglich, freiberufliche Jobs zu bekommen und sogar in Telemarketingunternehmen, die auf Heimarbeiter angewiesen sind. Diese Art von Arbeit erfordert keine hochspezialisierten Fähigkeiten. Wenn Sie am Telefon klar sprechen können, Ihre Botschaft vermitteln und dabei angenehm sind, sollten Sie vorbereitet sein.

Viele berufstätige Mütter zu Hause stolpern über ihre eigene Nische, die auf ihren persönlichen Hobbys basiert. Einige heimische Unternehmen, die aus einzigartigen Ideen oder Produkten entstanden sind, umfassen Dinge wie Handwerkskunst, Online-Verkauf, Maßkonfektion mit Online-Shop, Seifen- und Kerzenherstellung und vieles mehr. Die Möglichkeiten sind nur durch die Phantasie begrenzt.

Persönliche Assistenten Einige arbeiten zu Hause, Mütter erledigen Besorgungen für andere, arbeiten in einer virtuellen Umgebung, um die Büroangestellten zu entlasten, und vieles mehr. Der Bereich der persönlichen Assistentin kann sehr interessant sein, um sowohl lokal als auch online zu erkunden. Das Potenzial wächst, da immer mehr Unternehmen auslagern und immer mehr Mitarbeiter Angst haben, sich eine Auszeit zu nehmen, um ihre persönlichen Projekte durchzuführen.

Die häusliche Kinderbetreuung ist eine beliebte Option für Mütter, die ihre Kinder in einer häuslichen, einladenden

Umgebung haben möchten. Diese Option kann für ein Heimunternehmen hervorragend sein. Als Mutter hast du viele der für den Job erforderlichen Fähigkeiten bereits.

Schreiben Wenn Sie Sätze mit Leichtigkeit verketten können, gibt es Möglichkeiten für freiberufliche Autoren. Während Ihnen vielleicht einige der Fähigkeiten für bestimmte Aufgaben fehlen, gibt es Projekte, die von Anfängern durchgeführt werden können. Viele Blogging-Aufgaben erfordern zum Beispiel, dass "alltägliche" Menschen schreiben. Das bedeutet, dass nur eine gute Schreibstimme und Grundkenntnisse erforderlich sind.

Möglicherweise benötigen Sie dafür einen Abschluss oder eine spezielle Ausbildung, aber dieses Gebiet bietet einige einzigartige Möglichkeiten. Die Kontaktaufnahme mit Online-Tutoring-Studenten kann eine ausgezeichnete Möglichkeit sein, seinen Lebensunterhalt zu bestreiten und die Vorteile der gleichzeitigen Arbeit zu Hause zu nutzen.

Einige Unternehmen wenden sich an virtuelle Call Center, um ihren Kundenservice zu verwalten. In vielen Fällen stellen diese Call Center Heimarbeiter ein, um die Verlagerung eingehender Anrufe zu bewältigen. Obwohl diese Art von Arbeit feste Stunden erfordert, kann sie dennoch die Flexibilität bieten, die Eltern oft verlangen. Darüber hinaus können einige Call Center echte Vollzeitarbeit mit Vorteilen für Telearbeiter anbieten. Dies kann ein Vorteil sein, wenn Sie nicht Ihr eigenes Unternehmen gründen wollen, um von zu Hause aus zu arbeiten.

Während für diesen Bereich kurzfristige Schulungen und Lizenzen erforderlich sind, stellen viele, die dieses Feld betreten, fest, dass sie die meiste Zeit zu Hause arbeiten können.

Transkription Für diejenigen, die eine

Gabe für die Tastatur haben, kann dies ein unglaubliches Feld sein, das man betreten kann. Mit der Grundausbildung kann die Standard-Transkriptionsarbeit zu Hause durchgeführt werden. Mit einem vertieften Studiengang können auch höher bezahlte medizinische Transkriptionsverträge abgeschlossen werden.

Die Möglichkeiten, zu Hause zu arbeiten, sind praktisch unbegrenzt. Mit Jobs, die von denen reichen, die nie von dir verlangen, das Haus zu denen zu verlassen, die dich heraus haben konnten und über das Bilden der Verkaufsgespräche auf deinem eigenen Zeitplan, sind deine Wahlen nicht begrenzt, selbst wenn deine grundlegenden Fähigkeiten, die Satz ausfallen, so zu sein.

Maximieren Sie Ihre Fähigkeiten

Während viele häusliche Beschäftigungsmöglichkeiten keine speziellen Abschlüsse oder Weiterbildungen erfordern, können einige Fähigkeiten für besser bezahlte Jobs notwendig sein. Glücklicherweise gibt es eine Vielzahl von Orten, an die Sie sich wenden können, um die Fähigkeiten zu verbessern, die Sie benötigen, um erfolgreich zu sein, ohne ein Vermögen in den Prozess zu investieren.

Auch wenn Sie sich für ein Fachgebiet entscheiden, das überhaupt keine besonderen Fähigkeiten erfordert, kann es wichtig sein, einige Kurse in Betracht zu ziehen, um Ihren Geschäftssinn zu verbessern. Das Erlernen von Dingen wie Buchhaltung, Buchführung, Marketing und der rechtlichen Gründung eines Unternehmens kann in vielen Fällen für den Erfolg eines heimischen Unternehmens wichtig sein.

Je nachdem, für welches Gebiet Sie sich interessieren, können diese Verkaufsstellen hilfreich sein, um Ihnen schnell die richtige Schulung zu bieten:

Lokale Gymnasien bieten oft Abendkurse für ihre eigenen Schüler und Gemeindeerwachsenen an, die ihre Fähigkeiten verbessern wollen. Während der Lehrplan den Unterricht an allgemeinbildenden Schulen beinhalten kann, werden auch viele Programme zur beruflichen Entwicklung angeboten. Diese können von technischen und Typisierungsklassen bis hin zum Rechnungswesen und darüber hinaus reichen. Keine Sorge, sie werden dich nicht dazu bringen, Geschichte und Mathematik zu lernen, es sei denn, du willst es!

Öffentliche Fachschulen können unschätzbare Ressourcen für die

Ausbildung in einer Vielzahl von Bereichen sein. Einige der Programme, die angeboten werden könnten, die von großem Nutzen für eine Karriere zu Hause sein könnten, sind Transkription, Marketing, Computerbetrieb, grundlegende Buchhaltung und so weiter. Diese Orte sind auch dafür bekannt, Hightech-Kurse anzubieten. Wenn Sie zum Beispiel lernen wollen, wie man Websites erstellt, sind staatliche oder lokale Fachschulen ein guter Ort, um nach kostengünstigem Unterricht zu suchen.

Hauszertifizierungskurse können die Fähigkeiten und den Papierkram vermitteln, die erforderlich sind, um eine Karriere im Handumdrehen zu beginnen. Die Möglichkeiten hier können Dinge wie medizinische Transkription, Buchhaltung, Marketing und mehr beinhalten.

Da immer mehr Fachschulen, Hochschulen und Universitäten die Vorteile des Internets für den Unterricht nutzen, steigt die Verfügbarkeit der Kurse.

Während die Angebote stark variieren können, können die Schüler zu Hause alles tun, vom Erlernen der Bedienung von Microsoft Office-Produkten bis hin zum Masterstudium - alles bequem von zu Hause aus.

Feldbasierte Zertifizierungsverbände, die bestimmte Arbeitsbereiche vertreten, können Zertifizierungs- oder Lizenztrainingskurse zu niedrigen Kosten anbieten. Die Ausbildung zum Erwerb einer Immobilienlizenz kann beispielsweise nur wenige Monate dauern, um durch einen lokalen Rat von Immobilienmaklern zu lernen.

Small Business Development Centers In vielen Ballungszentren gelegen, sind diese staatlich finanzierten Agenturen dafür bekannt, eine Vielzahl von Programmen, Workshops und Zertifizierungskursen durchzuführen. Diese Zentren können auch unglaubliche Ressourcen für die Gründung eines Unternehmens sein, um die lokalen, staatlichen und bundesstaatlichen Vorschriften einzuhalten.

Wenn Sie beabsichtigen, bei einem Franchise-Unternehmen anzumelden oder in einem Gebiet als Hausverkäufer zu arbeiten, wird in vielen Fällen eine Schulung angeboten. Je nachdem, welches Feld oder Produkt Sie wählen, können die zugehörigen Klassen Sie überhaupt nichts kosten. Beispielsweise bieten vertriebsorientierte Unternehmen, die mit Heimpartys arbeiten, in der Regel umfangreiche, praxisnahe Schulungen an. Auch viele Franchiseunternehmen bieten eine Vielzahl von praktischen Kursen an, um denjenigen, die einkaufen, zu helfen, erfolgreich zu sein.

On-the-job-Ausbildung Einige Freiberufler-Jobs bieten den Auftragnehmern eine grundlegende On-the-job-Ausbildung. Unternehmen, die beispielsweise Fernarbeiter für den Empfang eingehender Anrufe einstellen, können auch Schulungen anbieten.

Das Erhalten der Ausbildung, die für viele Hausangestellte notwendig sein kann, ist normalerweise viel einfacher, als Sie denken konnten. Gehen Sie an die richtige Stelle und die Fähigkeiten, die Sie haben, können leicht hinzugefügt werden.

Wo finde ich einen Job?

Die Entscheidung, zu Hause zu arbeiten und ein Feld auszuwählen, dem man folgen möchte, reicht nicht aus, um die Dinge in Bewegung zu bringen. Es sei denn, Sie planen, Ihr eigenes Unternehmen von Grund auf neu aufzubauen, müssen Sie wissen, wohin Sie gehen müssen, um Arbeitsplätze und Möglichkeiten in Ihrem Haus zu finden. Es gibt eine Reihe von Optionen, die unglaublich hilfreich sein können, um Ihnen zu helfen, zu Hause Geld zu verdienen. Es gibt jedoch ein paar Dinge, auf die man achten muss. Die Arbeitswelt zu Hause ist leider nicht immun gegen Schwindler.

✓ *ARBEITSVERMITTLUNGEN*

Lokale Arbeitsvermittlungen können eine unschätzbare Ressource für Selbständige, angelernte Arbeitskräfte und sogar für diejenigen sein, die Arbeit in Unternehmen suchen, die Heimarbeiter auf die Lohn- und Gehaltsliste setzen. Um eine Arbeitsagentur zu finden, mit der Sie Ihre Karriere vorantreiben können, sollten Sie dies unbedingt tun:

Definieren Sie Ihre Interessen: Arbeitsagenturen können sich mehr auf die Art der Arbeit spezialisiert haben, die sie erledigen. Stellen Sie sicher, dass Ihre Interessen und der Karrierebereich, den Sie verfolgen wollen, klar definiert sind, um Agenturen zu eliminieren, die Ihnen möglicherweise nicht helfen können.

Forschungseinrichtungen in Ihrer Nähe: Sobald Sie wissen, was Sie verfolgen wollen und vielleicht sogar von welchen Bereichen Sie sich fernhalten möchten, suchen Sie nach Einrichtungen in Ihrer Nähe, die dafür bekannt sind, Menschen in Ihrem Interessenbereich zu helfen. Wenn Sie keine Empfehlungen erhalten können, rufen Sie die lokalen Behörden an und fragen Sie, was sie damit machen.

Kosten im Zusammenhang mit der Forschung: Die meisten Arbeitsagenturen berechnen den Arbeitgeber, nicht den Arbeitssuchenden. Vergewissern Sie sich, dass Sie dies überprüfen, bevor Sie sich an eine Agentur wenden. Es macht keinen Spaß, einen Job zu bekommen, nur um zu entdecken, dass ein Schnitt von oben entfernt wird!

Arbeitsvermittlungsagenturen können unschätzbare Ressourcen sein, um bestimmte Bereiche von Interesse an der Arbeit zu Hause zu starten. Stellen Sie sicher, dass, wenn dies der Weg ist, den Sie gehen möchten, die Agentur, mit der Sie arbeiten, Erfahrung in Ihrem Spezialgebiet oder Interesse hat.

✓ DIE FRANZÖSISCHEN

Wenn Sie es vorziehen, das Rad nicht zu erfinden, um eine Geschäftsmöglichkeit zu Hause zu genießen, kann die Zusammenarbeit mit einem

Franchiseunternehmen oder die Unterzeichnung mit einer Vertriebsgesellschaft mit Sitz in dem Gebiet perfekt funktionieren. Beide Optionen können große Vorteile in Bezug auf Backup und Support bieten, aber es gibt Dinge, die Sie beachten sollten, bevor Sie auf der gestrichelten Linie unterschreiben. Dazu gehören

Anerkennung: Ob Sie nun von einem Franchiseunternehmen kaufen oder einfach ein Unternehmen durch Verkäufe vertreten, stellen Sie sicher, dass das Produkt und/oder die Dienstleistung anerkannt wird und einen guten Ruf genießt. Selbst bei wachsenden oder neuen Unternehmen ist es möglich, Wasser zu testen. Die Tatsache, dass ein Unternehmen Franchiseunternehmen zum Verkauf anbietet, bedeutet nicht, dass seine Produkte oder Dienstleistungen sehr gefragt sind.

Supportlevel: Wenn Sie nicht mit viel Training in das Unternehmen einsteigen, stellen Sie sicher, dass die Gelegenheit mit viel Unterstützung kommt. Viele Franchise-Unternehmen bieten z.B. eine Grundausbildung in Vertrieb und Business an. Vertriebsgesellschaften sollten Ihnen natürlich helfen, einen Plan für den Verkauf Ihrer Produkte zu entwickeln.

Ihr Markt: Es wird Ihnen nichts nützen, wenn Sie genau das zehnte Franchise in einem 20-Block-Gebiet eröffnen. Stellen Sie sicher, dass Sie Ihren Markt und Ihre Bedürfnisse verstehen. Dies gilt auch für die Einrichtung von Vertriebsgebieten. Zu viel "freundlicher" Wettbewerb und Ihre Erfolgsaussichten könnten stark beeinträchtigt werden.

Nebenkosten: Stellen Sie sicher, dass Sie ein gutes Management der Kosten haben, die mit der Nutzung dieses Weges verbunden sind. Einige Franchiseunternehmen sind sehr preiswert, aber andere können unglaublich teuer sein.

Ihre Interessen: Es macht einfach keinen Sinn, einen Laden mit einem Unternehmen, Produkt oder einer Dienstleistung zu eröffnen, an dem Sie kein Interesse haben. Der Aufwand wird wahrscheinlich sinken, wenn Sie ihn nicht vollständig unterstützen können. Erkunde deine Interessen genau und passe sie dann den verfügbaren Möglichkeiten an.

Zeitaufwand: Einige Möglichkeiten können sich sehr gut anhören, bis der Arbeitsaufwand klar ist. Wenn Sie sicherstellen wollen, dass die Flexibilität erhalten bleibt, ist es unerlässlich, dass Sie kontrollieren, was wirklich notwendig ist, um erfolgreich zu sein.

Der Franchise- oder Vertriebsweg kann ein einfacherer Weg sein, um in ein heimisches Unternehmen einzusteigen, das eine echte Erfolgschance hat. Um jedoch die Ergebnisse und Belohnungen zu genießen, nach denen Sie sich sehnen, ist es unerlässlich, dass Sie zuerst einige Recherchen durchführen.

✓ STELLENANGEBOTE ÜBER WEBSITES ERHALTEN

Die Nutzung der Leistungsfähigkeit des Internets kann eine gute Möglichkeit sein, zu Hause Arbeit zu finden. In der Online-Branche finden Sie Websites, die Ihnen helfen können:

Wenn Sie einen Job zu Hause wollen, aber zu Hause, ist es sinnvoll, nach einer Reihe von Unternehmen auf der ganzen Welt zu suchen, die dafür bekannt sind, Telearbeiter auf die Gehaltsliste zu setzen. Dies kann dazu führen, dass Sie Chancen finden, die sich viel einfacher auszahlen.

Es gibt eine Vielzahl von Websites, die sich darauf spezialisiert haben, Selbständige in einer Reihe von Bereichen mit Arbeitgebern zusammenzubringen. Obwohl es sich in der Regel um kurzfristige Positionen handelt, können sie im Laufe der Zeit sehr lukrativ sein. Dies gilt insbesondere dann, wenn kurzfristige Arbeitgeber immer wieder für mehr Geld zurückkommen. Freiberufliche Schriftsteller können sich beispielsweise mit einer Vielzahl von Online-Arbeitgebern in Verbindung setzen und mehr Arbeit finden, als sie bewältigen können, wenn sie ihre Karten richtig spielen.

Wenn Ihnen die Idee gefällt, Kerzen in einer Partyatmosphäre zu verkaufen, kann es online viel einfacher sein, das richtige Unternehmen zu finden. Hier finden Sie eine Vielzahl von Standorten, die Sie mit der richtigen Gelegenheit verbinden können.

Community-Sites Community-gelistete Websites haben oft Bereiche, die Heimarbeiter mit möglichen Aktionen verbinden. Obwohl nicht alle Angebote legitim sind, können sich diese Seiten lohnen.

Einige Online-Beschäftigungsagenturen beschäftigen sich in hohem Maße mit Telearbeitsplätzen und anderen Möglichkeiten zu Hause. Sie können eine offene Tür bieten, um kurz- und langfristige Beschäftigungsmöglichkeiten in einer Vielzahl von Bereichen zu finden.

Die Möglichkeiten, sich mit potenziellen Arbeitgebern im Online-Bereich zu verbinden, sind nahezu unbegrenzt. So unglaublich einige der Möglichkeiten auch erscheinen mögen, es ist unerlässlich, sich einiger potenzieller Gefahren bewusst zu sein.

✓ *ZU VERMEIDENDE DINGE*

So einfach wie einige Orte es schaffen können, potenzielle Arbeitsmöglichkeiten zu Hause zu finden, sind nicht alle, die es gibt, genau seriös. In diesem Sinne ist es wichtig, Betrüger zu vermeiden, indem man bei jedem Vorschlag vorsichtig vorgeht. Um Probleme mit Heimarbeitsmöglichkeiten, unabhängigen Verträgen und mehr zu vermeiden, sollten Sie dies unbedingt tun:

Unterschreiben Sie nicht, Produkte für ein Unternehmen zu verkaufen, ohne genau zu verstehen, was diese Produkte sind und was der Ruf des Unternehmens ist. Wenn Sie selbständig sind, untersuchen Sie den Ruf des Arbeitgebers. So bieten beispielsweise unabhängige Websites oft Feedback-Bewertungen an. Für andere Geschäftsmöglichkeiten wenden Sie sich bitte an die örtlichen Handelskammern oder an das Better Business Bureau, um Hintergrundinformationen zu erhalten.

Viele Anzeigen für Heimarbeiter bieten eine Menge Geld für eine kleine Arbeit. Andere werden versuchen, Ihnen die Möglichkeit zu berechnen, für sie zu arbeiten. Es sei denn, es ist ein Franchise mit einer Teilnahmegebühr, seien Sie sehr vorsichtig mit jedem, der versucht, Ihr Geld zu bekommen, damit Sie Geld verdienen können. Auch wenn die Arbeit zu Hause zu gut klingt, um wahr zu sein, ist sie es wahrscheinlich nicht. Üben Sie hier den gesunden Menschenverstand aus und schauen Sie sich die Hintergründe an.

Nutzungsvereinbarungen Für Selbständige kann es z.B. zu einfach sein, an dieser Stelle zu rutschen. Stellen Sie sicher, dass Sie Kunden unter Vertrag nehmen, auch wenn es sich nur um einen einzigen Auftrag in sehr kurzer Zeit handelt. Dies schützt nicht nur Sie, sondern auch den unabhängigen Arbeitgeber.

Wenn Ihre Idee ist, die meiste Zeit zu Hause zu arbeiten und einen flexiblen Zeitplan zu genießen, melden Sie sich nicht für einen Verkaufsstand zu Hause an, der bis zu 80 Stunden pro Woche essen wird. Berücksichtige alle deine Ziele, wenn du die vorhandenen Möglichkeiten erkundest.

Die Suche nach Arbeitgebern für viele Positionen im Haushalt ist nicht so schwierig, wie es scheint. Es gibt eine Reihe von Ressourcen, die die Aufgabe sehr einfach machen können.

Ein paar Ratschläge.....

Während nicht alle Heimarbeitsplätze Interviews oder Fähigkeiten zur Angebotserstellung erfordern, werden es viele. Wenn Sie sich entschieden haben, für ein Unternehmen zu arbeiten, das beispielsweise Mitarbeiter zu Hause oder mit einem lokalen Vertrag einstellt, sollten Sie Ihre Interviewfähigkeiten verbessern. Wenn Sie daran denken, sich über das Internet selbständig zu machen, müssen Sie wissen, wie Sie sich durch Vorschläge optimal präsentieren können.

- ### *INTERVIEWS BEKOMMEN*

Wenn Sie noch nie für eine Position interviewt haben oder es ist schon lange her, gibt es einige Tipps, die Ihnen helfen können, Ihr Bestes zu geben. Um sicherzustellen, dass Sie in jeder Interview-Situation Ihr Bestes geben:

Obwohl es möglicherweise nicht notwendig ist, bei jedem Vorstellungsgespräch eine Zwangsjacke und High Heels zu tragen, kleiden Sie sich ordentlich, sauber und professionell. Der erste Eindruck ist wichtig.

Seien Sie darauf vorbereitet, eine Vielzahl von arbeitsbezogenen und anderen Fragen zu beantworten. Verstehen Sie die Position, das Unternehmen und Ihre Rolle, bevor Sie durch die Tür gehen. Darüber hinaus ist es eine gute Idee, sich auf alles vorzubereiten, was auf deinen Weg geworfen werden kann. Planen Sie ein persönliches Interview, aber verlieren Sie nicht die Ruhe, wenn es sich als Panel herausstellt. Atme einfach durch und sei du selbst.

Augenkontakt herstellen Dies ist wichtig, um potenziellen Arbeitgebern die richtige Botschaft zu vermitteln. Dies kann Ihnen helfen, einen Ruf für Vertrauen, Kompetenz und Ehrlichkeit zu erwerben -

alles, was Arbeitgeber auch bei Heimarbeitern suchen.

Während Sie vielleicht kein Heimbüro oder eine gute Computerausstattung benötigen, bevor Sie einen Job bekommen, können Ihnen Pläne den Vorteil der Initiative geben, die Sie brauchen.

Versuchen Sie, bei jedem Vorstellungsgespräch so entspannt und sicher wie möglich zu sein. Dies wird Ihnen helfen, Fragen vertieft zu beantworten und kann Ihnen auch helfen, einen guten Eindruck zu hinterlassen. Selbst wenn die Position Ihr "Traum" ist, keine Panik, wenn Sie nicht denken, dass es das Ende der Welt sein wird, wenn Sie es nicht bekommen. Dies wird das Vertrauen untergraben und dir wahrscheinlich ein angespanntes Aussehen verleihen.

Scheuen Sie sich nicht, Ihre Qualifikationen, Erfahrungen und Stärken in den Vordergrund zu stellen. Denken Sie daran, dass ein Interview wirklich eine Verkaufssituation ist. Anstelle eines Produkts oder einer Dienstleistung werden Sie versuchen, sich selbst zu verkaufen. Mach den Job gut und du bekommst den Job.

Versuch nicht, dich so aussehen zu lassen, als wärst du mehr als du bist. Sei ehrlich bei der Beantwortung von Fragen. Wenn du etwas nicht weißt, gib es zu. Betone, dass du bereit und in der Lage bist, alles zu lernen, woran du denken kannst.

Seien Sie realistisch Stellen Sie sicher, dass Sie zumindest ausreichend für eine Stelle qualifiziert sind. Wenn der Job hochspezialisierte Fähigkeiten erfordert und Sie diese nicht haben, ist es wahrscheinlich unrealistisch, den Job zu verfolgen.

Persönliche Interviews können ziemlich stressig sein, aber es gibt Möglichkeiten, dies zu tun. Je besser Sie vorbereitet und entspannt sind, desto besser finden Sie potenzielle Arbeitgeber. Dies kann Ihnen den Vorteil verschaffen, den Sie benötigen, um die Konkurrenz zu übertreffen.

- ***IHR ERSTES ONLINE-INTERVIEW***

Das Vorstellungsgespräch oder die Bewerbung um eine Stelle in einer virtuellen Umgebung kann etwas komplizierter sein. Während einige Positionen auch ein persönliches Gespräch beinhalten können, tun dies viele nicht. Das bedeutet, dass Sie sich oft nur auf der Grundlage von Referenzen und schriftlicher Kommunikation verkaufen müssen. Es gibt einige Tipps, die Ihnen helfen können, hier zu arbeiten. Dazu gehören

Da es sehr wahrscheinlich ist, dass Sie die Arbeit nur mit schriftlichen Materialien ausstatten müssen, ist es unerlässlich, dass die Vorschläge korrekt präsentiert werden. Nehmen Sie sich die Zeit, Ihren Lebenslauf und Ihre Qualifikationen zu aktualisieren, Ihren Vorschlag zu überprüfen und nur das anzubieten, was Sie wirklich anbieten können. Wenn Sie planen, selbstständig zu arbeiten, halten Sie Ihre Angebotspreise wettbewerbsfähig.

Einige unabhängige Arbeitgeber ziehen es vor, Kandidaten telefonisch oder in Chatrooms zu interviewen. Stellen Sie sicher, dass Sie bei Bedarf für Gespräche zur Verfügung stehen.

Sobald Vorschläge eingereicht wurden, kann es eine gute Idee sein, sich an einen potenziellen Arbeitgeber zu wenden und für Fragen zur Verfügung zu stehen. Wenn Sie über einen freiberuflichen Matching-Service bieten, ist dies möglicherweise nicht möglich, aber in anderen Bereichen kann es eine wertvolle Gewohnheit sein, in die Sie einsteigen sollten.

Ein Vorstellungsgespräch für einen Vollzeitjob oder sogar für einen Freelancer-Vertrag kann etwas überwältigend sein. Je besser Sie auf das vorbereitet sind, was Sie erwarten können, desto besser wird Ihre Leistung sein. Mit ein wenig Selbstvertrauen wirst du gute Dinge für dich selbst verwirklichen können.

- ***DAS HOME-OFFICE RICHTIG EINRICHTEN***

Ob Sie beabsichtigen, selbständig zu sein, Verkäufe zu tätigen, ein Franchise zu kaufen oder Telearbeit für einen Vollzeitarbeitgeber zu leisten, Sie werden feststellen, dass ein Home Office eine sehr wichtige Rolle spielt. Selbst wenn es nur ein Schrank mit eigener Sichttür ist, kann ein Rückzug sehr wichtig für die Produktivität und sogar für die geistige Gesundheit sein.

Sie werden wahrscheinlich feststellen, dass Sie kein kleines Vermögen ausgeben müssen, um ein Home Office einzurichten. Selbst mit einem relativ niedrigen Budget können Sie die Werkzeuge erhalten, die Sie für fast jedes Berufsfeld benötigen. Zu den zu berücksichtigenden Grundlagen gehören:

Ein Arbeitsplatz Selbst wenn Sie zwei Aktenschränke mit einem darüber gestreckten Schreibtisch verwenden, kann es sehr intelligent sein, einen Platz für andere Materialien und die Verteilung der Unterlagen zu haben.

Aktenschrank(e) Es ist in Ordnung, wenn diese Teil des "Schreibtisches" sind oder wenn sie alleine stehen. So oder so, werden Sie sie benötigen, um wichtige Dateien, wie Kundeninformationen, Kaufbelege für das Unternehmen und so weiter zu speichern.

Ein Computer Dies ist das Brot und die Butter für viele Unternehmen im Haushalt. Ein zuverlässiger Computer mit der richtigen Office-Software kann sogar bei einem verkaufsbasierten Franchise helfen. Es ist auch eine gute Idee, eine schnelle Internetverbindung zu haben. Dies gilt insbesondere, wenn Sie planen, als freiberuflicher oder virtueller Telearbeiter zu arbeiten.

Ein Telefon Mit einer eigenen Business-Telefonleitung ist eine gute Idee. Auch wenn Sie dies zunächst nicht tun wollen, sollten Sie zumindest ein Telefon im Büro platzieren.

Drucker/Fax/Scanner Um die Kosten niedrig zu halten, kann eine kombinierte Einheit sehr gut funktionieren.

Ein Planer. Du wirst eine Menge Jonglieren machen. Um mit all dem Schritt zu bleiben, ist es sinnvoll, einen Kalender oder Planer zu haben, der Ihnen hilft, Ihre Tage zu planen.

Vergessen Sie nicht, sich mit anderen Materialien zu versorgen, die Sie vielleicht benötigen, wie z.B. Stifte, Papier, Logbücher, Akten, Rechnungen,

Visitenkarten, etc.

Die Einrichtung eines Home Office ist eine sehr gute Idee, um Ihnen den Raum zu geben, den Sie für Ihre Arbeit benötigen. Schon eine sehr einfache Konfiguration kann enorm helfen.

Der Weg zum Erfolg

Es sei denn, Sie haben sich entschieden, für ein Unternehmen aus der Ferne zu arbeiten, gibt es einige Dinge, die Sie tun sollten, um sich auf den Weg zum Erfolg zu bringen. Die Auswahl eines nachgeschalteten Geschäftsfeldes, die Einrichtung eines Home-Office und sogar eine kleine Schulung reichen nicht aus, um eine Liste von Kunden zu erstellen und sie für weitere Informationen zurückzuholen.

Ob Sie beabsichtigen, ein Verkaufsfranchise zu eröffnen oder als Freelancer für einen angestellten Arbeitgeber, es gibt noch einige andere Schritte, die Sie unternehmen müssen, um einen guten Start zu erreichen. Werbung, Networking, Aufbau und Schutz Ihres Rufes werden zu wichtigen Überlegungen, sobald Sie in die Arbeit zu

Hause eingetaucht sind.

✓ *WARUM WERBUNG WICHTIG IST*

Nur weil Sie sich entschieden haben, Geschäfte allein zu tätigen, bedeutet das nicht, dass Kunden an Ihre Tür klopfen werden. Werbung ist unerlässlich für Franchise, Verkauf im Territorium, Online-Verkauf und sogar für Selbständige. Die Menschen müssen einfach wissen, wer Sie sind und was Sie anbieten, bevor sie sich für Ihre Produkte oder Dienstleistungen interessieren. Ein Schild aufhängen reicht nicht aus.

Wie können Sie also die Informationen erhalten, die Sie über Ihr neues Heimunternehmen benötigen? Diese Werbeformen können Menschen helfen, Sie und Ihr Unternehmen besser kennenzulernen:

Abhängig davon, was Sie tun werden, kann Print-Werbung eine gute Möglichkeit sein, es zu tun. Wenn Sie beispielsweise planen, Produkte in einem bestimmten Gebiet zu verkaufen, können lokale Zeitungen Wunder vollbringen. Wenn Sie Ihre Dienstleistungen als virtueller Assistent für kleine Unternehmen anbieten wollen, können Ihnen Fachzeitschriften einen Schub geben.

Pay-per-Click-Online-Werbung und andere suchmaschinengesteuerte Online-Anzeigen können sehr gut funktionieren, um Ihnen Online-Verkaufsseiten, Namen von Freelancern und vieles mehr im Web zu vermitteln. Es kann auch eine sehr gute Idee sein, einen eigenen Standort einzurichten, selbst für ein stark lokalisiertes Unternehmen.

Kostenlose Werbung Eine der besten Möglichkeiten, zumindest einen ersten Schub zu erhalten, ist es, die Vorteile der kostenlosen Werbung zu genießen. Wenn Sie in Ihrer Gemeinde ein Franchise- oder Gebietsvertriebsunternehmen eröffnen, senden Sie eine Pressemitteilung an die lokalen Medien. Wenn Sie online

Geschäfte machen werden, sollten Sie erwägen, einen Blog über Ihre Erfahrung oder Ihr Gebiet zu schreiben, um Besucher auf Ihrer Website zu generieren. Du kannst auch Gastkolumnen für andere schreiben, zustimmen, von einem Online-Autor interviewt zu werden, oder webbasierte Pressemitteilungen herausgeben, um zu sagen, wer du bist und was du tust.

Andere Formen der Werbung Fernsehen, Direktwerbung, Radio und andere Werbemittel können gut funktionieren, abhängig von Ihrem Budget und der Art des Geschäfts, in dem Sie tätig sind. Betrachten Sie Ihre Optionen jedoch sorgfältig, da diese Modi, um das Wort zu verbreiten, mehr kosten könnten, als Sie zu Beginn bezahlen wollen.

Die Eröffnung eines Unternehmens reicht nicht aus, um den Erfolg zu sichern. Sobald Sie bereit sind, loszulegen, muss Ihr potenzieller Kundenstamm über Sie Bescheid wissen. Werbung ist unerlässlich, um den Traffic und das Geschäft auf Ihre Weise voranzutreiben.

✓ DIE ZWECKE DER VERNETZUNG

Networking ist wirklich eine andere Form der Werbung, aber es ist eine, die ziemlich erschwinglich und effektiv sein kann. Wenn Sie in Kontakt treten, werden Sie im Grunde genommen der Bestseller für Ihr Unternehmen. Darüber hinaus kann dies Sie aus dem Haus zu bekommen, indem Sie etwas sehr Wichtiges tun, um Ihren Umsatz und Ihren Ruf zu bauen.

Die Netzwerkmöglichkeiten sind etwas umfangreicher, als viele Leute denken. Einige Möglichkeiten, die es wert sind, erkundet zu werden, sind unter anderem:

Lokale Handelskammern Lokale Handelskammern bieten eine ausgezeichnete Plattform für jeden, der ein Produkt oder eine Dienstleistung verkauft, um die Botschaft zu verbreiten. Während Kameras ein wenig Zeit im großen Stil der Dinge verbrauchen können, bieten sie wertvolles Training im Austausch gegen Mitgliedskosten und können Geschäftsinhabern und Freelancern helfen, einen Weg zu finden, ein wertvoller Teil einer Gemeinschaft zu werden.

Viele Gemeinschaften haben ihre eigenen Netzwerkgruppen, die weniger in Form von Programmen und mehr in Form von persönlicher Zeit mit anderen Geschäftsinhabern, die möglicherweise nach Produkten oder Dienstleistungen suchen, anbieten. Netzwerkgruppen können sich wöchentlich, monatlich oder vierteljährlich treffen. In einigen Bereichen gibt es allgemeine Netzwerkgruppen und sogar solche, die auf die Arbeit mit Müttern ausgerichtet sind.

Online-Optionen Wenn Sie beabsichtigen, Produkte online zu verkaufen oder als unabhängiger Dateneingabeprofi arbeiten möchten, werden Sie feststellen, dass Web-Netzwerke sehr wichtig für Ihren Erfolg sein können. Um das Wort über das, was Sie tun, zu verbreiten, denken Sie darüber nach, Online-Kontaktgruppen beizutreten, Gast- oder Expertenartikel für Websites zu schreiben, etc. Das Starten eines Blogs für Eigenwerbung kann auch sehr gut für den Traffic und das Interesse an Ihrer Art und Weise funktionieren. Die Verwendung von Social-Networking-Sites kann auch eine interessante und effektive Möglichkeit sein, ein Gerücht über Ihr Unternehmen zu verbreiten.

Sponsoring Starten Sie ein Verkaufsfranchise in einer lokalen Gemeinschaft und beginnen Sie den ersten Tag mit dem Sponsoring einer Veranstaltung, eines Sportteams oder ähnlichem. Sponsoring muss nicht unbedingt teuer sein, um effektiv zu sein. Wenn Sie ein Online-Geschäft eröffnen, können Ihre Möglichkeiten eingeschränkt sein.

Networking ist nicht nur ein wichtiges Werbeträger für Ihr Unternehmen, sondern kann auch als gute "Ablenkung" für Sie dienen. Als berufstätige Mutter zu Hause werden Sie feststellen, dass das Ausgehen und die Förderung Ihres Unternehmens Spaß macht, lohnend ist und eine sehr angenehme Veränderung des Tempos bietet.

Ein Unternehmen zu eröffnen, ohne dass jemand weiß, dass du es bist, ist nicht klug. Es gibt eine Vielzahl von Möglichkeiten, wie du das Wort darüber verbreiten kannst, wer du bist und was du tust. Um das Beste aus dem Marketing herauszuholen, sollten Sie einen facettenreichen Ansatz in Betracht ziehen.

✓ *REPUTATION IST ALLES*

Ob Sie planen, Produkte auf Hauspartys zu verkaufen, ein Franchise zu eröffnen oder Vertragsarbeit zu leisten, ist Ihre Spezialität, Sie müssen Ihren Ruf eifrig schützen. Der Aufbau eines guten Rufs und die damit verbundenen Vorteile haben einen sehr positiven Einfluss auf den Erfolg Ihres Unternehmens.

Ihr Ruf kann sich auf Ihr Unternehmen und Ihre Empfehlungen auswirken. Wenn Sie großartige Beziehungen zu Kunden aufbauen, wird Ihr Unternehmen in der Regel erfolgreich sein. Wenn du es nicht tust, könntest du fallen.

Um sicherzustellen, dass Ihr Ruf erstklassig ist, stellen Sie sicher, dass Sie das tun:

Halte dein Wort. Versprich einfach, was du halten kannst, und tu genau das. Dies wird Ihnen helfen, Vertrauen bei den Kunden aufzubauen. Dies kann wiederum zu einer Wiederholung von Geschäfts- und Mundpropaganda für Ihre Produkte oder Dienstleistungen führen.

Der respektvolle Umgang mit Kunden Kundenservice ist der Schlüssel zum Aufbau dauerhafter Geschäftsbeziehungen. Behandeln Sie potenzielle Kunden mit Respekt und Höflichkeit, und das zahlt sich aus.

Stellen Sie sicher, dass die Produkte oder Dienstleistungen auf dem gleichen Niveau sind. Obwohl Ihre Professionalität Ihnen helfen wird, auf dem richtigen Weg voranzukommen, sind es Ihre Produkte oder Dienstleistungen, die Ihr Unternehmen weiterhin verkaufen werden. Stellen Sie sicher, dass sie Qualität und Wert bieten und die Kunden immer wiederkommen.

Mütter können lukrative und erfolgreiche Unternehmen gründen. Wenn Sie die richtigen Schritte unternehmen, um Ihr Unternehmen zu planen, Informationen zu verbreiten und Dienstleistungen anzubieten, sollten sich Ihre Bemühungen lohnen.

Was ist mit meinen Leistungen? Wo sind sie?

Ihre Aufgabe ist erledigt, Sie haben Ihr Unternehmen ausgewählt und sind bereit, mit voller Kraft voranzugehen. Gerade wenn Sie denken, dass Sie alles geplant haben, fragt Sie ein Freund, wie Sie diese wertvollen Vorteile Ihres derzeitigen Arbeitgebers kompensieren können.

Wie reagieren Sie also, können Sie die Lücken schließen?

Höchstwahrscheinlich kann es ausreichend abgedeckt werden. Von der Krankenversicherung über die Altersvorsorge bis hin zum Sparen finden Sie heraus, dass es oft möglich ist, etwa die gleiche Art von Versicherungsschutz wiederherzustellen, die Sie als Vollzeitbeschäftigter im Rattenlauf hatten. Die richtige Vorgehensweise hängt von

Ihren persönlichen Umständen ab.

> ### *EINE VERSICHERUNG ABSCHLIEßEN*

Wenn es um medizinische, zahnmedizinische und visuelle Versorgung geht, haben Mütter, die zu Hause arbeiten, in der Regel die Möglichkeit, diese zu nutzen. Die Absicherung Ihrer Familie sollte natürlich eine hohe Priorität haben. Dies sind die häufigsten Optionen, die Heimarbeitern offen stehen:

Wenn Ihr Ehepartner eine Jobversicherung abschließen kann, die die ganze Familie abdeckt, kann dies das Problem vollständig lösen. Es gibt auch einige Vorteile, wenn man diesem Weg folgt. Obwohl private Versicherungen vorhanden sind und nicht so teuer sind, wie viele denken, sind sie in der Regel recht begrenzt. PPOs und HMOs der Arbeitgeber decken mehr und in der Regel keine Ausschlüsse ab.

Sofern keine wichtigen Vorerkrankungen

vorliegen, ist es möglich, private HMO- und PPO-Versicherungen zur Absicherung der Familie abzuschließen. Suchen Sie sorgfältig nach Deckung und Kosten sollten nicht bankrott gehen. Seien Sie sich der Grenzen der einzelnen Richtlinien bewusst, die Sie sehen. Richtlinien, die keine Gruppenrichtlinien sind, haben in der Regel viele Einschränkungen und "Kleingedrucktes", die genau betrachtet werden müssen.

Gruppe Wenn Ihr neues Heimunternehmen mehr Menschen beschäftigt als nur Sie, können Sie sich für eine Gruppenversicherung qualifizieren. Dies bedeutet, dass Sie Zugang zu den gleichen Arten von Deckungsmöglichkeiten haben, die ein Arbeitgeber anbieten würde. Die Kosten dafür können sehr unterschiedlich sein, aber es kann sich lohnen, es in Betracht zu ziehen, wenn Sie Arbeiter und eine ganze Familie zu decken haben.

Die Versicherung ist einfach ein

Hindernis, das der Selbstständigkeit im Wege steht. Wenn Sie Ihre Optionen sorgfältig prüfen, werden Sie eine funktionierende Lösung finden. Beachten Sie, dass die Kosten stark variieren können. Es lohnt sich, alle Wege zu überprüfen und eine endgültige Route zu wählen, die die beste Abdeckung für möglichst geringe Investitionen bietet.

> ### ➤ *UND DEINE PENSIONIERUNG?*

Auch wenn die Versicherung eine wichtige Rolle spielt, sollte man sie auch für die Zukunft nicht vergessen. Wenn Sie einen Job aufgeben, der Altersvorsorge oder Sparformen anbietet, werden Sie nach Möglichkeiten suchen, die Ihnen zur Verfügung stehenden Werkzeuge zu duplizieren oder sogar zu verbessern. Sie können dieses Firmenspiel verlieren, indem Sie alleine fliegen, aber Sie können sicherstellen, dass Sie für Ihren Ruhestand als Freelancer sparen.

Einige der verfügbaren Optionen, um zu helfen, zu Hause zu bleiben, Mütter speichern Nest Eier für ihre goldenen Jahre gehören:

Diese Altersvorsorgekonten können Ihnen helfen, Ihre Steuerersparnisse zu schützen, während Sie für die Zukunft bauen. IRAs haben Beitragsbeschränkungen, können aber ein wertvolles Instrument sein, das im Rahmen einer allgemeinen Altersvorsorge eingesetzt werden kann.

401ks Dies ist ein weiteres Instrument für die Altersvorsorge. Das Problem mit 401ks ist, dass sie tendenziell mit der Börse verbunden sind, was bedeutet, dass sie mit dramatischen Höhen und Tiefen umgehen können. Es mag nicht klug sein, einen 401k als einzige Option zu verwenden, aber sie können als guter Tisch in einem Plan dienen.

Anleihen Obwohl ihre Erträge nicht unbedingt dramatisch sind, können sie sich als recht solide Anlagen erweisen. Bundes- und Kommunalanleihen können mit guten langfristigen Renditen belohnt werden.

Aktien Vorsicht bei der Verwendung eines Portfolios als einzige Option aufgrund möglicher Höhen und Tiefen. Dennoch ist es ein Tisch, der es wert ist, in Betracht gezogen zu werden.

Andere Investitionen Gold, Immobilien und andere materielle Investitionen können als Teil eines langfristigen Investitionspakets betrachtet werden.

Einer der potenziellen Nachteile der Heimarbeit ist der Mangel an Altersvorsorge. Du kannst dieses Hindernis überwinden, wenn du sorgfältig planst und für deine Zukunft sparst.

> *JEDER PENNY ZÄHLT*

Altersvorsorge ist wichtig, aber auch kurzfristige Einsparungen. Wenn Sie planen, den Lebensstil Ihrer Familie zu fördern oder ihn sogar vollständig zu finanzieren, ist es klug, Bargeld für einen regnerischen Tag zu sparen. Dies ist auch eine gute Möglichkeit, sich auf die Ausfallzeiten vorzubereiten, die bei jedem Unternehmen auftreten können.

Einige der Möglichkeiten, die es wert sind, auf der Sparseite erforscht zu werden, von denen viele für Vorsorgeinvestitionen erwähnt werden. Aktien, Anleihen und andere Investitionen können sich auszahlen.

Für einfachere Einsparungen können Sie Dinge wie:

Traditionelles Sparen Eröffnen Sie ein Sparkonto und beginnen Sie jede Woche, jede zweite Woche oder jeden Monat einen festen Betrag zu sparen. Bleiben Sie dran und Ihre Ersparnisse werden sich mit der Zeit erhöhen.

Geldmarktkonten Wenn Sie etwas mehr Zins auf Ihr Geld verdienen wollen, können diese sehr gut funktionieren. Sie funktionieren wie normale Giro- oder Sparkonten, verdienen aber mehr Zinsen.

Ein Leben als gute Heimmutter zu führen ist sicherlich möglich, aber es kann nicht ausreichen, um Ihre langfristigen Grundlagen zu sichern. Wenn Sie Ihr Einkommen, Ihre Gesundheit und Ihre Zukunft schützen wollen, ist es ratsam, Anpassungen für Versicherung, Altersvorsorge und Standardkapital vorzunehmen.

Fazit: Wie man alles managt und nicht in den Versuch fällt?

Wenn Sie denken, dass die Arbeit zu Hause "einfacher" sein wird als jede andere Ihnen zur Verfügung stehende Möglichkeit, stehen die Chancen gut, dass Sie sich selbst betrügen. Es ist anders, bequemer, ungemein lohnend, aber nicht unbedingt ein Spaziergang im Park. Du kannst lernen, alles zu managen und dich in deinem persönlichen und beruflichen Leben zu übertreffen.

Um sicherzustellen, dass Sie Ihre beruflichen, familiären und häuslichen Verpflichtungen so einfach wie möglich in Einklang bringen, kann es hilfreich sein, die folgenden Tipps, Techniken und Strategien zu berücksichtigen:

Dieser spezielle Ratschlag kann nicht genug betont werden. Wenn Sie planen, von morgens bis abends einen vollen Acht-Stunden-Tag zu arbeiten oder wenn Sie nach dem Schlafengehen der Kinder nachts arbeiten wollen, legen Sie Ihren Zeitplan fest und versuchen Sie, sich an sie zu halten.

Nutzen Sie die Ausfallzeiten, wenn Sie während der eingestellten Stunden einige Ausfallzeiten haben, nutzen Sie die Möglichkeit, andere Dinge auf Ihrem Teller zu erledigen. Mach Hausarbeit, häng mit den Kindern rum, mache Abendessen oder entspanne dich einfach ein wenig.

Selbst wenn Sie zu Hause arbeiten, ist es sehr wahrscheinlich, dass Sie nicht jeden Tag mit allem fertig werden. Geben Sie sich die Erlaubnis, das Haus ein wenig gehen zu lassen, um einen großen Auftrag zu bekommen oder genug Zeit zu kaufen, um die Kinder in den Park zu bringen. Priorisiere, was wirklich wichtig ist, und dein Jonglierakt wird funktionieren.

Wenn Sie noch nie zu Hause gearbeitet

haben, während Kinder herumlaufen, werden Sie sich auf eine Geduldsübung einlassen. Ihre Kinder verstehen vielleicht zunächst nicht, dass sie nicht alle fünf Minuten unterbrechen können. Du wirst die hohe Kunst des Kompromisses lernen müssen und sogar, wie du fest und liebevoll sein kannst, um dies zu erreichen. Mit ein wenig Anstrengung kannst du vermeiden, kleine Egos zu verletzen.

Die Gründung eines Stay-at-Home-Geschäfts kann einige Dinge im Leben viel einfacher machen. Es kann auch eine Reihe neuer Herausforderungen mit sich bringen. Seien Sie bereit, Prioritäten zu setzen und sich auf Punkte einzulassen, die nicht so wichtig sind. Wenn Sie diese Dinge tun, können Sie alles jonglieren und Ihr Unternehmen am Laufen halten, Ihren Verstand intakt und Ihre Familie in Bestform.

> ### ➢ *EIN PAAR WORTE DES ABSCHIEDS*

Die Wahl, eine berufstätige Mutter zu sein, kann eine der besten Entscheidungen sein, die Sie je treffen werden. Mit ein wenig Planung, Geduld und Mühe können Sie mehr Zeit mit Ihrer Familie verbringen und dabei Ihren Lebensunterhalt verdienen.

Während die Arbeit zu Hause eine große Herausforderung sein kann, können sich die Belohnungen lohnen. Um sicherzustellen, dass Sie Ihre Grundlagen abgedeckt haben, bevor Sie in diese Entscheidung eintauchen, vergessen Sie nicht, dies zu tun:

Ob Telearbeit für einen Vollzeitarbeitgeber oder die Gründung eines eigenen Unternehmens, die Arbeit zu Hause ist nicht jedermanns Sache. Stellen Sie sicher, dass Sie die möglichen Höhen und Tiefen der Entscheidung wirklich erkunden. Es ist okay zu entscheiden, dass diese Option nicht für dich ist.

Wählen Sie das richtige Feld Sie müssen keinen Efeuliga-Titel haben, um eine unglaublich erfolgreiche Karriere als Heimmutter zu machen. Sie müssen jedoch die Karrieremöglichkeit wählen, die am besten zu Ihren Interessen und den Fähigkeiten passt, die Sie haben oder erwerben können. Stellen Sie sicher, dass das Unternehmen, das Sie gründen wollen, wirklich Ihr Interesse behält.

Wenn Ihre Familie nicht hinter der Entscheidung steht, haben Sie vielleicht einen schweren Start. Diskutiere offen und offen darüber, was du hoffst zu tun und was das für die ganze Familie bedeutet. Ihn zu Hause zu haben, ist eher ein Opfer wert, das andere Familienmitglieder bringen müssen.

Stellen Sie Ihre Parameter ein. Richten Sie ein Home-Office ein, legen Sie die Arbeitszeiten fest und machen Sie sich bereit, auf dem richtigen Weg zu beginnen. Diese Dinge zu tun, kann Ihnen helfen, ein professionelles Image aufzubauen und zu erhalten, auch wenn Sie den Schleim von Ihrem Hemd abwischen, während Sie mit einem Kunden am Telefon sprechen! Das Beste daran ist, dass der Kunde nicht sehen kann, was du tust!

Wenn Sie nicht für jemand anderen Vollzeit arbeiten werden, stellen Sie sicher, dass Sie das Wort über Ihr Unternehmen verbreiten. Informieren Sie unbedingt Ihre Freunde, Familie und Kollegen. Achten Sie auf Werbung, Networking und andere tragfähige Optionen, um Kunden zu gewinnen. Kultivieren Sie auch nach der Markteinführung die Möglichkeiten der Werbung, um Ihr Unternehmen in der Öffentlichkeit bekannt zu machen.

Decken Sie Ihre Basen ab Übersehen Sie nicht die Bedeutung von Versicherung, Altersvorsorge und einer Regentagekasse. Planen Sie im Voraus, wie Sie mit diesen Dingen umgehen und bewahren Sie sie für Notfälle auf, und die Zukunft wird zu einer

Gewohnheit, mit der Ihre ganze Familie leben kann.

Entspannungsarbeit zu Hause ist ein Jonglierakt. Das lässt sich nicht leugnen. Einige Tage werden besser sein als andere. Entspannen Sie sich einfach und tun Sie jeden Tag Ihr Bestes. Wenn du die kleinen Dinge schwitzt, wirst du verrückt werden.

Ein Aufenthalt zu Hause zu werden, ist eine erstaunliche Möglichkeit, den wichtigsten Job Ihres Lebens mit dem zweitwichtigsten zu verbinden. Wenn Sie sorgfältig planen und sich auf einige Höhen und Tiefen vorbereiten, werden sich die Belohnungen, wenn Sie die Alltagswelt verlassen und zu Hause bleiben, schnell ansammeln und weiter kommen.

Denke nur daran, dass nicht alles über Nacht passieren wird und dass es Zeit braucht, bis du eine Veränderung in deinem Leben zum Besseren siehst.

Jetzt ja, ich wünsche dir das Beste für deine Ergebnisse, und denk daran, alles ist praktisch; Theorie ohne Handeln nützt dir nichts. Es bringt alles, was man lernt, in das wirkliche Leben.

Eine große Umarmung, deine Freundin, Jessy!

Übrigens, wenn Sie Ihre Ergebnisse nach und nach erreichen, empfehle ich Ihnen sehr, wenn Sie viel mehr über die Methoden des Geldverdienens erfahren wollen, das Buch eines großen Autors, von dem ich viel lerne, über "GEHEIMSTRAATEGIEN, VIEL GELD IM MULTINIVELEN GESCHÄFT zu machen", ist ein Buch, das Ihnen auf dem Weg zur "Finanzfreiheit" sicherlich sehr helfen wird.

Sie finden es ohne weiteres in der Amazon-Suchmaschine, wie z.B.: "Geheime Strategien, um im Multi-Level-Geschäft viel Geld zu verdienen" oder nach seinem Namen zu suchen, wie z.B.: "Gaston Echevarria"..... Ich wünsche

Ihnen noch einmal viel Erfolg bei Ihren
Ergebnissen!